PETIT

CATÉCHISME POLITIQUE

A L'USAGE

DES HABITANS DES CAMPAGNES

PAR MAURICE-MÉJAN,

Avocat à la Cour royale, auteur de l'*Histoire du procès de Louis XVI*, dédiée à S. M. Louis XVIII, et rédacteur du *Recueil des Causes célèbres.*

TROISIÈME ÉDITION.

Prix : 25 centimes *franc de port.*

PARIS,

DE L'IMPRIMERIE DE J. G. DENTU,

rue des Petits-Augustins, n° 5 (ancien hôtel de Persan).

3 MAI 1820.

PETIT
CATÉCHISME POLITIQUE

À L'USAGE

DES HABITANS DES CAMPAGNES

———

Demande. QU'EST-CE que la France ?
Réponse. C'est le premier royaume de l'Europe.
D. Quelle est la forme de son Gouvernement ?
R. Depuis que le Roi, dans sa sagesse, a donné à ses sujets la Charte, la monarchie est devenue constitutionnelle, et cette forme de Gouvernement a pris le nom de *Gouvernement représentatif.*
D. De quoi se compose le Gouvernement représentatif.
R. De trois pouvoirs : 1° du Roi, source et principe des autres pouvoirs ; de la Chambre des Pairs, dont les membres sont nommés par le Roi ; 3° de la Chambre des Députés, qui sont nommés par les Électeurs de tous les départemens. C'est ainsi que les droits de la couronne et les intérêts du peuple sont également garantis.
D. En quoi consiste particulièrement le pouvoir du Roi ?
R. Ce pouvoir, qu'on appelle *prérogative royale,* consiste, 1° dans le droit exclusif de proposer des lois aux deux Chambres ; c'est ce qu'on appelle *initiative* ; 2° dans le droit de les accepter, ou de les rejeter lorsqu'elles ont été discutées, amendées et adoptées par les chambres ; c'est ce qu'on appelle *sanction royale* ; 3° dans le droit de faire la paix ou la guerre, et les traités avec les autres puissances ;

de nommer à tous les emplois civils et militaires ; de choisir les ministres ; enfin dans le droit sacré *d'inviolabilité.*

D. Qu'entend-on par ce droit sacré d'inviolabilité?

R. Ce droit consiste à affranchir le Roi de toute espèce d'accusation.

D. Pourquoi le Roi jouit-il de ce privilége ?

R. Parce que les Rois étant les ministres de Dieu sur la terre, ce n'est qu'à Dieu seul qu'ils sont comptables de leurs actions.

D. Mais s'il est vrai que tous les hommes soient sujets à errer, comment justifier une telle prérogative ?

R. Sans doute le Roi, quoiqu'il tienne son pouvoir de Dieu, est sujet à se tromper, parce qu'il est homme ; mais d'abord ses erreurs ne peuvent être qu'involontaires, parce qu'un Souverain légitime n'a jamais d'intérêt à nuire à son peuple, puisqu'il ne pourrait le faire sans se nuire à lui-même.

D. N'y a-t-il pas d'autres raisons à l'appui de cette règle ?

R. Nous pourrions en faire valoir un grand nombre; mais il suffira d'en présenter deux qui prouveront assez combien elle est importante.

La première résulte de l'impossibilité de créer un tribunal pour juger les Rois, de qui émanent tous les pouvoirs.

Et la seconde, du danger qu'il y aurait pour les peuples à permettre que les Rois pussent être recherchés et poursuivis. Qui ne sent, en effet, que si chaque citoyen avait le droit d'accuser le Monarque, et par exemple d'entrer dans son palais pour lui dire : *Suivez-moi chez le juge de paix ou chez le commissaire de police,* non seulement la majesté royale serait avilie, mais à chaque instant l'administration serait arrêtée, le Gouvernement dissous, le trône vacant? L'être qui serait condamné à s'y asseoir, environné de précipices, attaqué seul par toutes les passions de plusieurs millions d'hommes, incapable de gouverner son Etat, parce qu'on le forcerait toujours à défendre sa personne, responsable ensuite pour n'avoir pas fait ce qu'on l'aurait mis dans l'impossibilité de faire, serait le plus infortuné des hommes, comme son peuple serait le plus malheureux des peuples.

Ajoutons que nous ne devons jamais cesser de nous considérer comme une famille dont les Rois sont les pères; que cette douce, exacte et sublime idée doit suffire pour écarter du trône la défiance, le soupçon, la calomnie; et qu'enfin des enfans ne peuvent jamais accuser leur père.

D. Mais ce Roi inviolable et sacré pourra donc, lui, violer impunément tous nos droits, nous sacrifier arbitrairement à ses passions?

R. Il ne le voudra pas, parce que son propre intérêt, comme nous l'avons déjà dit, s'y oppose; et lorsqu'il le voudrait, il ne le pourrait pas, car la Charte est là pour prévenir le crime par la terreur, ou pour le punir par le supplice. Si le mal se commet, les malfaiteurs seront châtiés, puisque la Charte déclare les ministres responsables.

On ne peut commettre d'exactions sans qu'il y ait des exacteurs. On ne peut rien prendre dans le trésor public, s'il n'est livré par le ministre qui en est le gardien; on ne peut pas faire marcher des troupes pour opprimer les citoyens, sans un ministre qui l'ordonne; enfin, on ne peut conspirer contre la liberté publique, sans qu'il y ait des conseils, ou au moins des agens. Vous voyez donc que, pour tous ces crimes, il y a des répondans, et, par conséquent, que vous êtes à l'abri de toute inquiétude.

D. Ceux qui ont condamné Louis XVI sont donc bien coupables?

R. Ils le sont d'autant plus, que cette règle se

trouvait consacrée dans la Constitution de 1791, qu'ils avaient *juré de défendre;* que dans l'hypothèse absurde où le peuple aurait le droit d'accuser ses Rois, ils n'avaient point reçu de lui le pouvoir de juger ce Prince; et qu'ils l'ont condamné, d'ailleurs, au mépris de leur conviction profonde, non pas seulement de son innocence, mais de ses droits incontestables à l'amour de tous ses sujets.

D. Faut-il considérer également comme coupables ceux qui ont concouru au jugement de Louis XVI, mais qui n'ont pas voté sa mort?

R. Ils le sont moins, mais ils le sont aussi, d'après ce que nous venons de dire de l'inviolabilité royale, comme du défaut de pouvoirs, *par cela seul qu'ils se sont constitués ses juges;* et cela est si vrai, que Cromwell, le plus audacieux, le plus rusé, le plus sombre et le plus cruel des usurpateurs connus avant Buonaparte, lorsqu'il voulut provoquer la condamnation de Charles Ier, roi d'Angleterre, ne vint à bout de persuader ses conjurés, qu'en avouant la maxime générale qui affranchit les Rois de toute accusation, et en supposant qu'il était entraîné à l'enfreindre par une inspiration céleste.

Dans la séance du 16 janvier 1649, il dit : Si quelqu'un avait proposé volontairement d'accuser le roi, je l'aurais regardé comme le plus grand des traîtres; *et j'ai voulu moi-même demander le rétablissement de Sa Majesté; mais j'ai senti ma langue se coller à mon palais, et j'ai pris ce mouvement surnaturel pour une réponse que le ciel rejette ce Prince, et nous ordonne de le juger. Puis donc que* la Providence et la nécessité nous imposent ce fardeau, *je prierai le ciel de répandre sa bénédiction sur vos conseils.*

Vous voyez donc que si, de l'aveu de *Cromwell,* tout homme qui proposerait d'accuser son Roi serait le plus grand des traîtres, ceux qui osent le juger sont mille fois plus criminels.

D. Quelles sont les fonctions de la Chambre des pairs et de la Chambre des députés?

R. Ces deux Chambres sont appelées à voter les impôts, à délibérer sur les lois que le Monarque propose ; enfin, à accuser et juger les ministres ; celle des députés les accuse, et celle des pairs les juge.

D. Qu'est-ce que le ministère ?

R. C'est une réunion d'hommes d'Etat investis de la confiance du Roi pour diriger les différentes branches de l'administration, et qui, ainsi que nous l'avons déjà dit, sont responsables de tous leurs actes.

D. Qu'est-ce que Louis XVIII ?

R. C'est le frère du Roi-Martyr et le successeur d'une longue suite de Rois qui ont assuré la gloire et la prospérité de la France.

D. Pourquoi n'est-il remonté sur le trône de ses pères qu'en 1814 ?

R. Parce qu'une révolution, ou, pour mieux dire, une révolte préparée par la corruption des mœurs et par les égaremens de l'esprit, renversa, en 1789, l'autel et le trône, et nous donna pour arbitres de nos destinées, quelques vils intrigans qui, après nous avoir tyrannisés de la manière la plus cruelle, sous un Gouvernement qui n'avait de *républicain* que le nom, livrèrent le sceptre à l'un de leurs complices, afin de s'assurer l'impunité de leurs crimes ; mais en exigeant de lui, à titre de garantie, la tête de Mgr. le duc d'Enghien ; qu'il fit en effet assassiner de la manière la plus horrible et la plus lâche.

D. Qu'a fait le Roi pour le bonheur de la nation, depuis qu'il a reconquis ses droits ?

R. Il pouvait, profitant de l'enthousiasme qu'excitait son retour, et de la présence des armées étrangères, attirées sur notre territoire par les innombrables forfaits de Buonaparte, s'armer du pouvoir absolu ; mais il a préféré suivre le noble exemple de

son auguste frère : il a jugé sans illusion les pré-
-rogatives qui semblaient, depuis long-temps, ap-
partenir à sa couronne; il a dédaigné toutes celles
qu'il croyait inutiles au bonheur de la France, et il
a fondé la liberté publique sur des bases indestruc-
tibles. Il a fait plus encore, car il nous a réconciliés
deux fois avec l'Europe, qui, victorieuse et animée
par de justes ressentimens, n'aurait pas manqué de
nous imposer des conditions beaucoup plus dures,
si nous n'étions pas rentrés sous les lois du Gouvernement légitime.

D. Qu'entend-on par Gouvernement légitime?

R. Celui dont la base est la succession au.trône
dans la même famille par ordre de primogéniture;
et pour rendre la réponse plus claire, de même
qu'un fils succède à son père dans sa fortune, de
même aussi le fils ou le plus proche parent du Roi
hérite de sa couronne.

D. Le Gouvernement légitime est-il celui qui
convient le mieux aux peuples?

R. Oui, parce qu'il les préserve de toutes les secousses inséparables des Gouvernemens électifs.

D. Mais comment le Gouvernement électif peut-
il entraîner des troubles?

R. Parce que, sous un pareil Gouvernement, il
n'y a pas de raison pour que, à la mort du Roi,
mille prétendans ne se présentent pour le rem-
placer, et que toutes les rivalités qu'enfantent cette
ambition, tous les crimes qu'entraînent ces rivalités
compromettent nécessairement la tranquillité publique. Aussi, est-ce dans l'intérêt des peuples, plus
encore que dans l'intérêt des familles régnantes, que
la doctrine de la *légitimité* a été établie.

D. Louis XVI avait donc voulu aussi rendre son
peuple libre, puisque vous dites que son frère a
suivi son exemple?

R. Oui, car toutes les bases essentielles de la liberté, celles dont l'importance est universellement reconnue, avaient été posées par ce Prince dans sa déclaration du 27 décembre 1788. C'est en effet dans cet acte qu'il annonça le généreux sacrifice de son autorité pour assurer à jamais le bonheur de la France ; et il le fit long-temps avant les instructions données aux Députés par leurs mandataires ; il le fit avant la tenue des assemblées électorales, avant les assemblées primaires, avant la convocation des Etats-Généraux ; il le fit enfin volontairement, librement, et dans la plénitude de ses moyens et de ses forces.

D. Cela suffisait-il pour rassurer le peuple?

R. Oui ; car, on ne saurait le contester, une nation est libre, une nation devient la régulatrice de son propre bonheur, lorsqu'elle acquiert le pouvoir de consentir ou de refuser les impôts, d'acquiescer ou de s'opposer à toute espèce d'emprunt, de fixer ou de régler toutes les dépenses ; lorsque toutes les réformes, toutes les améliorations sont soumises à son libre arbitre ; lorsque déjà tous les priviléges pécuniaires sont condamnés ; lorsque tous les actes de l'autorité arbitraire sont proscrits ; enfin, lorsque le retour périodique des assemblées nationales fait une partie essentielle des engagemens du souverain. Or, toutes ces innovations salutaires étaient assurées avant que les Etats-Généraux eussent fait l'ouverture de leurs délibérations, eussent commencé à se réunir. Enfin, le Roi ne cachait point que, voulant rendre immuables les concessions qu'il s'était imposées, et désirant mettre à l'abri de toute espèce de révolutions les avantages politiques dont la nation allait obtenir la jouissance, il consentirait à toutes les dispositions raisonnables qui pourraient paraître propres à remplir un dessein médité mûrement, et dont l'exécution pleine et entière lui présentait une perspective de bonheur et un moyen certain de rendre son nom cher aux générations futures.

D. Cette déclaration, du 27 octobre 1788, est-elle le seul acte qui puisse faire apprécier la sagesse et les vues bienfaisantes de Louis XVI?

R. Non. Vous en trouverez encore la preuve dans cette Charte, qu'il offrit le 23 juin 1789; dans cette Charte, où il prenait l'engagement formel de ne jamais lever un impôt qui ne fût consenti par la nation; de ne jamais faire une loi qui ne fût concertée avec la nation; de ne jamais infliger une peine qui n'eût été déterminée par la nation.

D. Quels sont les hommes qui repoussèrent des vues si paternelles?

R. Ce sont précisément ceux qui osent se vanter d'avoir conquis la liberté. Il fallait que les uns fussent ministres, et ils ne pouvaient l'être qu'en excitant des troubles et en se rendant nécessaires pour les apaiser; il fallait que les autres fussent dictateurs, et ils ne pouvaient l'être tant qu'il existerait un Roi. Il en est qui portaient encore plus haut leurs coupables désirs, et à qui il importait peu de faire un désert de la moitié de la France, pourvu qu'ils dominassent sur l'autre moitié. Tous se riaient au fond de leur cœur, de la crédulité de ce peuple, auquel ils prodiguaient les expressions d'un faux respect, tandis qu'ils en faisaient le jouet de leurs caprices, l'échelon de leurs grandeurs et la victime de leurs passions. L'infortuné Louis XVI se résignait à ses malheurs personnels, pourvu que les Français fussent heureux; et ses ennemis comptaient pour rien de rendre malheureux des milliers de Français, pourvu qu'à ce prix pût prospérer leur sacrilège ambition. Aussi renversèrent-ils, sans exception, et les anciens appuis de l'ordre social et les vieilles sauve-gardes de la liberté publique; aussi firent-ils, pendant plusieurs années, de la nation la plus douce et la plus sensible, une nation avide de destructions, insatiable de vengeances; aussi ne respectèrent-ils ni l'âge, ni le sexe, ni le mérite, ni la vertu; aussi couvrirent-ils la France de bastilles, d'échafauds; aussi furent-ils les barbares héros de ces temps déplorables où le crime et la stupidité, exerçant leurs ravages sur notre malheureuse patrie, ne promettaient aux vertus et aux talens que l'indigence et la mort; et finirent ils, à force d'excès, par nous conduire au despotisme, parce que le despotisme est toujours la suite inévitable de l'anarchie.

Jugez donc s'ils méritent votre confiance, quand ils viennent vous dire que ce que vous tenez de la tendre sollicitude de vos Rois, ce qu'ils refusèrent en 1788 et 1789, ce qu'ils vous ravirent au 20 mars 1815, en trahissant le meilleur des Princes, pour aller se prosterner bassement aux pieds du despote qui venait nous apporter de nouvelles chaînes, est leur propre ouvrage!......

D. Quel est le caractère de Louis XVIII?

R. Non seulement Louis XVIII a ces idées fixes, cette modération, ce bons sens si nécessaires à un Monarque, mais c'est encore un Prince ami des lettres, doué d'un esprit vaste et éclairé.

D. Qu'est-ce que Monsieur?

R. Monsieur est le frère du Roi, et l'héritier direct de la couronne, parce que celui-ci n'a point d'enfans.

D. De quelles qualités est-il doué?

R. Il est franc, généreux, brave, plein de piété, de douceur et de bonté.

D. Quelles sont ses actions?

R. Elle sont toutes consacrées au soulagement de l'infortune.

D. Qu'est-ce que Mgr. le duc d'Angoulême?

R. C'est le fils aîné de S. A. R. Monsieur.

D. Quel est son caractère?

R. Il est conforme en tout à celui de son auguste père.

D. Quelles sont ses actions?

R. Il se distingua éminemment par sa bravoure à la tête des troupes qu'il avait sous ses ordres dans le Midi, lorsque Buonaparte revint souiller par sa présence le sol français, en 1815; mais il se distingua aussi par un autre genre d'héroïsme, car, après s'être montré le plus intrépide dans le danger, il se montra aussi le plus humain après le succès, en adoucissant par ses soins les derniers momens de ceux qui venaient d'exposer leur vie pour le combattre. Personne n'ignore d'ailleurs que tout récemment encore il a fait preuve d'une générosité surhumaine, en sollicitant auprès du Roi la grâce des généraux *Debelle* et *Grouchy*, dont il avait eu personnellement à se plaindre à cette même époque; et que son trésor est constamment ouvert à tous les indigens.

D. Qu'est-ce que MADAME, duchesse d'Angoulême?

R. C'est la digne fille de Louis XVI et de Marie-Antoinette d'Autriche.

D. Quels malheurs a-t-elle éprouvés?

R. Les plus grands qu'il soit possible de concevoir. Elle a partagé l'affreuse captivité des ses illustres parens dans la prison du *Temple;* elle a subi comme eux toutes les privations qu'on leur imposait, tous les outrages dont ils étaient abreuvés par cette nuée de barbares geôliers (1) sortis des rangs les plus obscurs de la société, dont chacun cherchait à se signaler par de nouvelles horreurs; et elle a eu la douleur de voir traîner l'un après l'autre au supplice son père, sa mère, sa tante Madame Éli-

---

(1) Les membres de cette infâme corporation connue sous le nom de *commune de Paris.*

sabeth, quand ils n'avaient mérité que des témoignages de respect et d'amour. Ah! qui pourrait contempler, sans la plus vive émotion, cette chute épouvantable du faîte des grandeurs humaines dans l'abîme de la plus profonde infortune! Qui pourrait, à moins d'avoir un cœur de pierre, ne pas éprouver le besoin de chercher à consoler cette auguste victime de tout ce qu'elle a souffert!

D. Quel est son caractère?

R. Celui de la noble race dont elle est issue, de cette famille qui doit être un éternel sujet d'orgueil pour les Français, puisqu'elle a compté, dans l'espace de neuf siècles, trente-deux Monarques qui ont réuni tout ce qui devait leur attirer l'affection des peuples et l'admiration de l'univers.

D. Quelles sont ses actions?

R. Chaque jour de sa vie est marqué par des bienfaits sans nombre et par des actes de la plus fervente piété : mais vous aurez une idée plus exacte encore de sa grandeur d'âme, lorsque vous saurez ce qu'elle fit à Bordeaux, à l'époque où le général Clausel, trahissant le Roi, marchait sur cette ville pour la soumettre à l'usurpateur.

A peine eut-elle appris la révolte de la garnison de Blaye, forteresse si importante pour la défense de Bordeaux, qu'elle prit la plus courageuse résolution, celle de se présenter dans toutes les casernes pour y rappeler aux troupes leurs devoirs ; et quand elle eut acquis la triste certitude qu'on ne pouvait pas compter sur elles pour seconder la garde nationale, qui voulait mourir pour la défense du trône, cette héroïque Princesse, dont la douleur avait encore enflammé le zèle des Bordelais, exigea d'eux un nouveau serment d'obéissance, sans leur expliquer sa pensée. Ils le firent sans hésiter ; mais quelle fut leur surprise, quand elle leur tint ce langage :

D'après ce que je viens de voir, on ne peut pas

compter sur les secours de la garnison; il est inutile de chercher à se défendre. Vous avez assez fait pour l'honneur : conservez au Roi des sujets fidèles pour un temps plus heureux. Je prends tout sur moi : je vous ordonne de ne plus combattre.

Un cri général s'élève : « Non! non! rendez-nous « notre promesse!. Nous voulons mourir pour le « Roi! nous voulons mourir pour vous! »

J'ai reçu votre serment, répliqua avec une vive émotion Madame; *ce n'est pas vous, fidèles Bordelais, qui donnerez l'exemple du parjure.*

Comparez ce sublime dévoûment qui lui suggère l'idée de rendre l'amour même que lui portaient les nombreux habitans de cette ville, la garantie de leur salut; comparez-le avec l'intention cruelle manifestée en 1814 et en 1815 par Buonaparte, de sacrifier vainement une population de six cent mille âmes à la défense de la capitale, et prononcez!.....

D. Qu'était-ce que Mgr. le duc de Berri?

R. C'était le plus jeune des fils de S. A. R. Monsieur.

D. Quel était son caractère?

R. Vif, mais plein de franchise et de bonté.

D. Etait-il brave?

R. Nos armées n'ont point vu de chevaliers qui le fussent plus que lui.

D. Etait-il fier?

R. Non; il était au contraire très-accessible, très-populaire, et c'est une chose si notoire, que nous nous bornerons à en citer une seule preuve:

Six semaines avant sa mort, le duc de Berri faisant ouvrir une des barrières de la forêt de Saint-Germain, dit au garde : Tu dois m'en vouloir. — Moi, Monseigneur? — Oui, tu dois m'en vouloir : je me rappelle qu'à une de mes dernières chasses, n'ayant pas été heureux, je t'ai parlé avec vivacité : donne-moi la main. Le garde, plein, de respect, s'excusa.

Tu m'en veux donc, puisque tu ne me donnes pas la main? Le garde, confondu de tant de bonté, avança la main en tremblant. Le Prince la saisit, et y glissa plusieurs pièces d'or. Va, lui dit-il en le quittant, je te connais bien, tu as cinq enfans.

D. Etait-il bon dans son intérieur?

R. Il mettait tous ses soins à faire le bonheur de son auguste compagne, de toutes les personnes attachées à leur maison ; et voici, parmi une foule de traits également honorables, un exemple qui prouve combien il était généreux et bon pour ses domestiques :

Sachant que l'un d'entre eux avait sept enfans, le Prince lui ordonna de les lui présenter; puis les partageant en deux groupes, il mit les trois plus petits de côté, en disant : *Voilà ma part, charge-toi de la tienne;* et il plaça ces trois enfans dans une pension.

D. A quoi employait-il son argent ?

R. Le fait que nous venons de rapporter prouve qu'il l'employait à de bonnes actions, et qu'il n'était pas moins charitable que tous les membres de son auguste famille. C'est d'ailleurs une chose bien reconnue qu'il donnait régulièrement six à sept mille francs par mois aux pauvres de sa paroisse, et qu'il distribuait par an plus de *trois cent mille francs* en aumônes et en bonnes œuvres. -

D. Comment est-il mort?

R. De la main d'un lâche assassin nommé *Louvel,* qui, le 13 février, au moment où le Prince venait de placer dans sa voiture son auguste épouse qui sortait de l'Opéra, s'elança derrière lui, et, avec la rapidité de l'éclair, appuyant une main sur son épaule gauche, lui plongea un poignard dans le côté droit, au-dessous du sein, et s'enfuit.

D. A-t-il montré, dans ses derniers momens, un grand caractère?

R. Oui, puisque, malgré les horribles tourmens d'une agonie d'environ sept heures, il a réclamé les secours de la religion , recommandé à son épouse, à son père et à son frère, navrés de douleur, plusieurs personnes auxquelles il était particulièrement attaché, ainsi que toutes celles qui faisaient partie de sa maison ; qu'il a sollicité du Roi, à plusieurs reprises, la grâce *de l'homme qui l'avait frappé* (car c'est ainsi qu'il a eu la générosité de le nommer); et qu'enfin il a quitté la vie non seulement sans regretter aucun des biens qui lui avaient été prodigués par la Providence, mais en disant : *Je ne crains pas la mort, je ne crains que pour mon salut ; mais j'ose espérer dans la miséricorde de Dieu. Puisse la manière dont je péris désarmer sa colère , et m'obtenir le pardon de mes péchés !*

D. Qui a engagé *Louvel* à commettre un si grand attentat ?

R. L'instruction du procès nous apprendra s'il a médité seul son forfait, ou s'il a , au contraire, des complices, comme on est autorisé à le présumer, d'après le choix de sa victime ; car un homme égaré par le fanatisme de la liberté, aurait frappé le Roi, et non pas le Prince le plus éloigné du trône. Mais, quoi qu'il en soit, toujours est-il certain que l'assassinat sur lequel nous gémissons, est l'effet de ces doctrines impies et subversives de tous les principes conservateurs des Empires, qui ont été professées depuis quatre ans avec la plus criminelle audace, et encouragées par ceux - là même qui auraient dû mettre tous leurs soins à en réprimer les apôtres.

Et comment serait-il possible d'en douter, après avoir lu les interrogatoires de ce misérable ? On lui parle de Dieu : il répond que *Dieu n'est qu'un mot...* On lui demande qui l'a porté au crime qu'il vient de commettre : il répond que ce sont *ses opinions, ses sentimens* ; enfin, on désire savoir quels sont ces opinions, ces sentimens : il les explique en disant que *les Bourbons sont des tyrans, et les plus cruels ennemis de la France.*

D. Quels sont les écrits qui renferment ces funestes doctrines?

R. Ce sont ces infâmes brochures, ces journaux séditieux où la religion et ses ministres sont constamment outragés; où l'on ose avancer que *la loi est athée, et qu'elle doit l'être;* où des hommes qui se sont signalés, pendant tout le cours de la révolution, par les plus grands excès, et qui ont été les suppôts du plus féroce despote qui ait pesé sur l'espèce humaine, se sont tout à coup érigés en défenseurs ardens de la liberté, pour égarer encore une fois le peuple sur ses véritables intérêts, en cherchant à lui inspirer des inquiétudes sur le rétablissement de la dîme et de la féodalité. Comme si la religion n'était pas la principale base de tout édifice politique, et le complément de l'ouvrage imparfait de la législation; comme si les misérables qui, après avoir vanté les douceurs de *l'égalité*, se sont métamorphosés en *ducs*, *comtes* et *barons*, pouvaient inspirer quelque confiance; comme si les valets d'un tyran pouvaient aimer la liberté; comme si la Charte ne nous en garantissait pas l'exercice; et comme enfin si *la dîme* et *la féodalité*, dont cette même Charte interdit le retour, et qu'au milieu de la plus grande liberté de la presse aucune voix n'a réclamées, n'étaient pas un épouvantail tout aussi ridicule que ces *revenans* ou ce *Croque-Mitaine* dont on fait peur aux enfans, mais qu'ils ne voient jamais!...

N'écoutez donc pas ces vils jongleurs qui, couverts depuis trente ans du masque imposteur du patriotisme, ne parlent de la *souveraineté du peuple* que pour faire du peuple leur esclave; *d'égalité* que pour s'élever au-dessus de tous; *de liberté* que pour l'étouffer dans son berceau; *de patrie* que pour la déchirer et la détruire. Le trouble est leur élément, parce que ce n'est que dans le trouble qu'ils peuvent espérer d'arriver au pouvoir et d'accroître leur fortune ; mais ce qui convient à leurs intérêts ne saurait convenir aux vôtres ; car dès que la tranquillité publique est compromise, la confiance s'altère, les capitaux se resserrent, le commerce languit, et tous ceux qui vivent de leur travail ou d'une honnête industrie, sont privés des ressources qu'ils y trouvaient.

Songez d'ailleurs que de nouvelles secousses appelleraient infailliblement encore les troupes étrangères, les farouches *cosaques* au sein de notre belle patrie ; et qu'elle finirait peut-être pas être effacée de la liste des nations.

Le seul moyen de prévenir de si grands maux, est de profiter de l'horrible catastrophe dont nous venons d'être témoins, pour abhorrer encore davantage les affreux principes dont elle est l'étroite conséquence, et pour nous attacher plus fortement que jamais à cette religion sainte qui est une source inépuisable de consolations, comme à cette famille auguste, si respectable par ses malheurs et par ses bienfaits.

Le monstre qui vient de la plonger encore dans le deuil a cru l'éteindre en frappant, ainsi qu'il l'a dit dans son premier interrogatoire, *celui qui semblait destiné à la perpétuer ;* mais la Providence, qui a permis que sa veuve infortunée portât encore dans son sein un nouveau fruit de leur hymen, et qui a donné à cette jeune Princesse, si digne d'un meilleur sort, par toutes les vertus qui la distinguent, le courage nécessaire pour supporter sa douleur, la Providence comblera peut-être nos vœux, en faisant naître un Prince qui nous rappellera les hautes qualités de son malheureux père et de tous ses ancêtres.

POST-SCRIPTUM.

Nous croyons ne pouvoir terminer ce petit ouvrage d'une manière plus digne de la mémoire du Prince dont la France déplore la perte, qu'en rapportant quelques-uns des traits de sa bonté et de sa bienfaisance.

Une superbe galerie de tableaux venait d'être mise en vente à Anvers ; le consul de France eut l'honneur d'en avertir Mgr. le duc de Berri. Ce Prince lui répondit d'abord qu'il le chargeait de choisir lui-même ce qui lui paraîtrait mériter son attention ; le consul s'en excusa, et lui demanda une personne de confiance pour faire un choix. Quelque temps après, S. A. R. lui fit cette réponse : « Mon cher « M. Despalières, j'ai réfléchi à votre proposition, « et j'ai ajourné l'emplète ; dans un temps où mes « pauvres appellent toute ma sollicitude, je me re- « procherais d'acheter si cher un plaisir dont je puis « me passer. »

— Quelque temps avant sa mort, le duc de Berri se rendait à Bagatelle, dans un cabriolet. En traversant le bois de Boulogne, il aperçut un enfant chargé d'un panier, dont le poids excédait ses forces. Il arrête son cheval et questionne le petit paysan : — *Mon père m'envoie à la Muette porter ce panier qu'on attend. — Mais il paraît bien lourd, ce panier ; il te fatigue. — Dam, sans doute, mon bon monsieur, mais c'est égal. — Donne-le-moi*, répond le Prince, *je le remettrai en passant. — Vous êtes bien bon, ce n'est pas de refus.* Le Prince fait placer le panier dans son cabriolet, passe à la Muette, le remet à sa destination, revient sur ses pas, descend chez le père de l'enfant, et lui dit : *J'ai rencontré ton fils ; il ployait sous le faix dont tu l'avais chargé ; je l'ai aidé; son panier a été remis tout à l'heure. Une autre fois, épargne-lui tant de peine; des fardeaux si-lourds altéreraient sa santé; tu l'empêcherais de grandir. Tiens, achète-lui un âne qui portera ses paniers.* S. A. R. donne alors une bourse au paysan, remonte en cabriolet, et reprend la route de Bagatelle.

— Un malheureux charbonnier ayant perdu cinq cents francs, fruit du travail de plusieurs années, en se retirant désespéré chez lui, passa sur le Pont-Neuf; là il s'arrêta un moment en silence....; ensuite, s'approchant du parapet, tout à coup il s'élance dans la rivière. Quelques-uns de ses camarades qui l'avaient suivi, s'y précipitent en même temps, plongent, l'atteignent et le sauvent. Ils le ramènent vivant à l'entrée du pont. Un groupe considérable se forme autour d'eux. Dans cet instant, Mgr. le duc de Berri, en cabriolet, survient; après avoir questionné un des spectateurs de cette scène, il met pied à terre; il était seul et sans aucune marque distinctive qui pût le faire connaître; il perce la foule, et il entend les amis de l'infortuné s'écrier qu'eux ainsi que leurs camarades se cotiseraient pour lui rendre les cinq cents francs qu'il avait perdus. Alors Mgr. le duc de Berri s'avance, tire de sa poche un billet de cinq cents francs, et le remet à l'infortuné, qui veut se prosterner devant l'ange libérateur qui le préserve d'un crime, et qui lui rend une heureuse existence; mais le Prince se dérobe à sa gratitude, il s'échappe, remonte en voiture, et part avec rapidité. Les charbonniers le suivirent de loin; et ne le perdant point de vue, ils arrivèrent à l'Élysée-Bourbon, où ils apprirent le nom du généreux inconnu. Tous se sont rendus en corps à la pompe funèbre de ce Prince, et ils en ont fait un des plus beaux ornemens, aux yeux de ceux qui connaissent cette histoire.

— On sait qu'il existe depuis quelque temps à Paris, *une caisse d'épargne* pour les artisans et les domestiques. S. A. R., afin d'engager ses serviteurs à y placer le fruit de leurs économies, *doublait*, de sa cassette, la somme que chacun d'eux versait par mois dans cette caisse. Ainsi donc, tel qui ne pouvait épargner que 12 fr., se trouvait en avoir 24 à la masse, et ainsi de suite progressivement. Instruit qu'un de ses domestiques avait laissé passer un mois sans verser sa cotisation, il voulut en connaître le motif.—Monseigneur, répondit celui-ci, c'est que ma femme vient d'accoucher, et qu'il m'a fallu donner tout mon argent pour qu'on ne la mît pas hors de la petite chambre que nous occupons. M. le duc de Berri quitte le domestique, parcourt son palais, appelle, s'informe, découvre une chambre vacante, y fait porter un lit, des matelas, du feu ; puis, quand il a tout vu lui-même : Écoute, dit-il à l'homme qu'il fait rappeler, il y a là une chambre pour toi ; conduis-y ta femme, portes-y ton enfant ; on les y soignera, et moi je paierai ta cotisation à la caisse.

— La veuve d'un officier distingué gémissait dans l'indigence, et voulait, pour obtenir un faible soulagement, vendre à la galerie de Mgr. le duc de Berri, un tableau, seul souvenir de son époux. —Payez-en deux fois le prix, dit le Prince, mais surtout qu'elle le garde pour penser à celui dont le nom l'honore.

— Huit jours avant d'être assassiné, le dimanche 6 février, cet excellent Prince apercevant M. le chevalier Lecordier, maire du premier arrondissement, chez S. A. R. Monsieur, vint à lui, en s'exprimant ainsi : Vous m'en voulez donc, mon cher Lecordier ? — Je ne sais à quoi attribuer ce reproche de V. A. R., répond aussitôt, et avec une extrême surprise, ce zélé fonctionnaire public.—C'est qu'il y a long-temps que vous ne m'avez rien demandé pour vos indigens, ajoute M. le duc de Berri.

Enfin, le matin même du jour fatal, parlant avec la Princesse des bals brillans auxquels ils étaient invités : *C'est fort bien*, dit-il ; *mais pendant que les riches s'amusent, il faut que les pauvres vivent ;* et il fait porter aussitôt au bureau de charité un billet de *mille francs.*

Lâches calomniateurs des Bourbons ! citez-nous, si vous le pouvez, dans la vie de ceux qui ont gouverné successivement la France depuis l'assassinat de Louis XVI jusques à la restauration, un seul exemple qui révèle tant de grandeur d'âme et de bonté!... Nous vous en défions. Ils se sont gorgés d'or, mais ils ont été constamment sourds au cri de l'infortune !

SECOURS ACCORDÉS PAR S. A. R. Mgr LE DUC DE BERRI.

		Fr.
En 1814.	Secours pendant l'année.	25,550
En 1815.	Secours ordinaires de tous les mois. 13,500 Secours extraordinaires. 38,505	52,005
En 1816.	Secours ordinaires . . . . 26,000 Secours extraordinaires. 43,463	69,463
En 1817.	Secours ordinaires . . . . 26,500 Secours extraordinaires. 78,499	104,999
En 1818.	Secours ordinaires . . . . 26,000 Secours extraordinaires. 76,694	102,694
En 1819.	Secours ordinaires . . . . 27,000 Secours extraordinaires. 70,355	97,355
En 1816, Mgr a abandonné, pour les départemens qui avaient souffert de l'occupation des armées. .		300,000
En 1817, pour le même objet.		300,000
	Total.	1,052,066
S. A. R. Mme la duchesse de Berry a donné, depuis 1816.		336,795
	Total général.	1,388,861

Dans cette somme ne sont pas compris les secours particuliers remis personnellement par LL. AA. RR. aux malheureux qui ont eu souvent le bonheur de les approcher.

La publication du Petit Catéchisme politique à l'usage des habitans des campagnes, *n'ayant point eu pour objet une spéculation de librairie,* MM. *les imprimeurs et libraires de France sont prévenus que toutes autres éditions non sorties de mes presses et revêtues de ma griffe, seront réputées* contrefaçon, *et saisies comme telles.*

Nous invitons les personnes aisées et charitables de contribuer à faire connaître ce petit ouvrage dans leur commune.

Les personnes qui prendront 5o ou 1oo exemplaires, ne les paieront que 2o fr. le cent, et les exemplaires leur parviendront *francs de port.*

Il faut adresser les lettres de demandes *franches de port,* à J. G. Dentu, imprimeur du *Drapeau blanc,* rue des Petits-Augustins, n° 5, F. S. G.

P. S. Le Catalogue de ma librairie sera aussi adressé *franc de port* à ceux qui m'en feront la demande.

PROCÈS DE L. P. LOUVEL,

*Accusé d'assassinat sur la personne de S. A. R. Mgr.
le duc de Berri.*

SOUSCRIPTION.

M. Maurice-Méjan se propose de publier l'*Histoire du procès de Louvel*; et déjà il a pris des mesures pour se procurer tous les documens propres à assurer l'exactitude de son travail : on en sera convaincu en lisant la lettre suivante, qu'il a reçue de M. le marquis de Sémonville, grand référendaire de la Chambre des pairs :

« Le marquis de Sémonville a l'honneur de faire mille com-
« plimens à M. Méjan, et de le prévenir qu'il fait en sa fa-
« veur une exception à la règle qu'il s'est imposée pour la
« distribution des billets, et qu'il est dès ce moment inscrit
« *pour toutes les séances du procès.* Il croit devoir cette pré-
« férence à l'auteur célèbre d'un ouvrage où les grands crimes
« ne sont retracés que pour en inspirer l'horreur et pour
« donner de grandes leçons à l'humanité. »

Pour satisfaire plus promptement la curiosité des lecteurs, ce procès sera publié par cahiers de trois à quatre feuilles chacun.

Le prix est de 1 fr. 50 c., et 1 fr. 75 c. *franc de port* pour la France.

Les personnes qui souscriront pour 6 cahiers ne paieront que 7 fr. 50 c. au lieu de 9 fr. Pour les recevoir *franc de port*, il faut ajouter 1 fr. 50 c.

On souscrit chez J. G. Dentu, imprimeur-libraire, rue des Petits-Augustins, n° 5 (ancien hôtel de Persan); et au Palais-Royal, galeries de bois, n°ˢ 265 et 266.

www.ingramcontent.com/pod-product-compliance
Lightning Source LLC
Chambersburg PA
CBHW051206050726
47594CB00007B/3083